Impressum
Verlag: BABADADA GmbH, Nedderfeld 112 , 22529 Hamburg
Geschäftsführer / Verlagsleitung: Harald Hof
Druck: Books on Demand GmbH, In de Tarpen 42, 22848 Norderstedt

Imprint
Publisher: BABADADA GmbH, Nedderfeld 112 , 22529 Hamburg, Germany
Managing Director / Publishing direction: Harald Hof
Print: Books on Demand GmbH, In de Tarpen 42, 22848 Norderstedt, Germany

ቤት-ትምህርቲ
škola

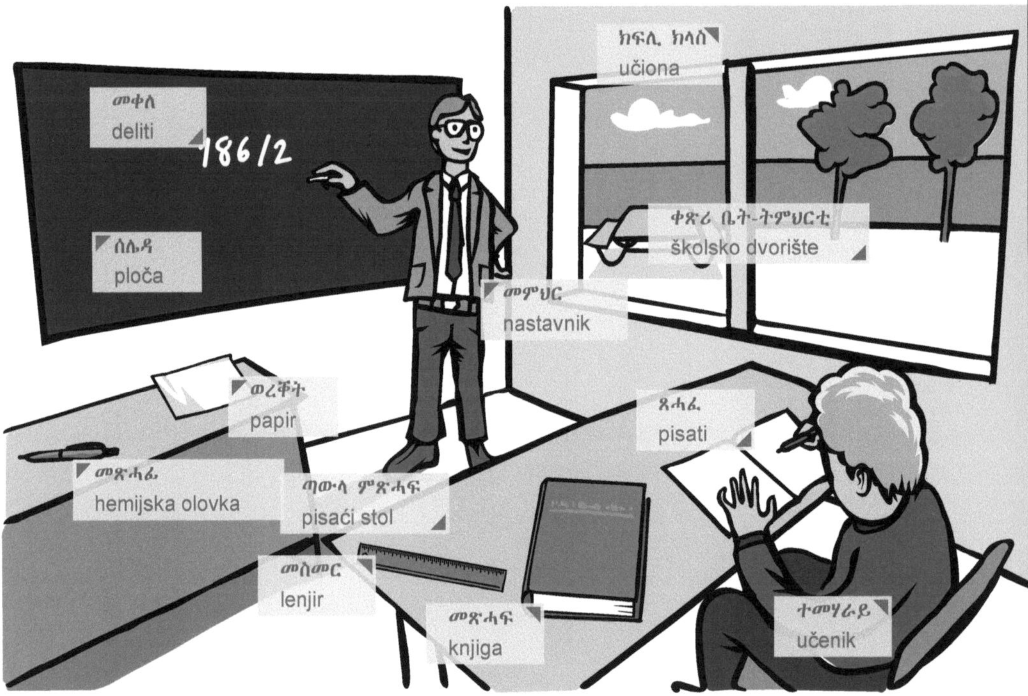

መቀለ
deliti
186/2
ስሌዳ
ploča
ክፍሊ ክላስ
učiona
ቀጽሪ ቤት-ትምህርቲ
školsko dvorište
መምህር
nastavnik
ወረቐት
papir
ጸሓፈ
pisati
መጽሓፊ
hemijska olovka
ጣውላ ምጽሓፍ
pisaći stol
መስመር
lenjir
መጽሓፍ
knjiga
ተመሃራይ
učenik

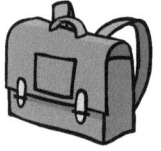

ሳንጣ ትምህርቲ
....
torba

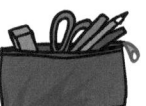

ሰፈር ብርዒ
....
pernica

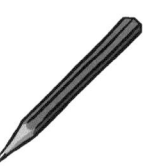

ርሳስ
....
grafitna olovka

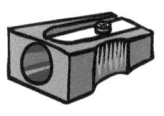

መብልሒ ርሳስ
....
šiljilo za olovke

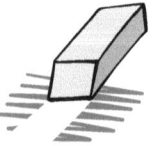

መደምሰሲ
....
gumica za brisanje

ጥራዝ ስእሊ
....
blok za crtanje

ስእሊ
....
crtež

ብርዒ ቀለም
....
kist

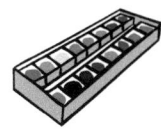

ቦክስ ቀለም
....
kutija sa bojama

መቖስ
....
makaze

መጣበቒ
....
lepilo

ጥራዝ መላመዲ
....
beležnica

ዕዮ ገዛ
....
domaći zadatak

12

ቁጽሪ
....
broj

2+2

ወሰኽ
....
sabirati

5-2

ጎደለ
....
oduzimati

2×2

ረብሓ
....
množiti

ደመረ
....
računati

A

ፊደል
....
slovo

ABCDEFG HIJKLMN OPQRSTU VWXYZ

ስርዓት ፊደላት
....
abeceda

hello

ቃል
....
reč

ጽሑፍ

tekst

አንበበ

čitati

ኩርሽ

kreda

ሰዓት

čas

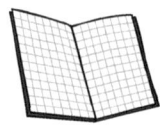

መዝገብ ክላስ

dnevnik

መርመራ

ispit

ሰርቲፊከት

svedočanstvo

ድቢዛ ቤት፡ትምህርቲ

školska uniforma

ትምህርቲ

obrazovanje

ለክሲኮን

leksikon

ዩኒቨርሲቲ

univerzitet

ሚክሮስኮፕ

mikroskop

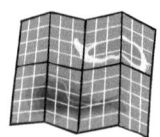

ካርታ

karta

ጎሓፍ ወረቐት

košara za papir

መቄበሊ, አጋይሽ
hotel

ሆስተል
prenoćište

ROOMS

Grand

EXCHANGE

በታ ቅያር ገንዘብ
menjačnica

ባሊ, ጄ
kofer

መኪና
auto

ቋንቋ

jezik

እወ / ኖ

da / ne

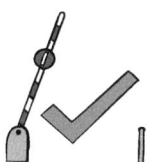

ሕራይ

okej

ሰላም

zdravo

አስተርጓሚ

prevodilac

የቸንየለይ

hvala

. . . ክንደይ ዋግኡ?

Koliko košta...?

አይተረድኣኹን

ne razumem

ሽግር

problem

ሰላም ምሸት!

dobro veče!

ከመይ ሓዲርካ

Dobro jutro!

ሰላም ለይቲ

Laku noć!

ደሓን ኩን

doviđenja

አንፈት

smer

ጉዓዝ

prtljaga

ሳንጣ

torba

ሳንጣ ሕቖ

ruksak

ጋሻ

gost

ክፍሊ

soba

ከሻ መደቀሲ

vreća za spavanje

ቴንዳ

šator

ሓበሬታ በጸሕቲ ሃገር

turističke informacije

ገምገም ባሕሪ

plaža

ክሬዲት ካርድ

kreditna kartica

ቁርሲ

doručak

ምሳሕ

ručak

ድራር

večera

ቲከት

karta za vožnju

ሊፍት

lift

ማሕተም ደብዳበ

poštanska markica

ዶብ

granica

ድንና

carina

ኣምበሲ

ambasada

ቪዛ

viza

ፓስፖርት

pasoš

transport

ነፋሪት
avion

መርከብ
brod

መኪና መጥፍኢ ሓዊ
vatrogasno vozilo

ናይ ጽዕነት መኪና
teretno vozilo

አውቶቡስ
autobus

ጀልባ ሞቶር
motorni čamac

ብሽግለታ
bicikl

መኪና
auto

ፈሪ

trajekt

ጀልባ

čamac

ሞቶ

motocikl

መኪና ፖሊስ

policijski auto

መኪና ቅድድም

trkaći auto

ክራይ መኪና

iznajmljeno auto

ምውፋይ መካይን

delenje automobila

መወሰዲ መኪና

vučno vozilo

መኪና ጎሓፍ

vozilo za odvoz smeća

ሞቶC

motor

ነዳዲ

benzin

እንዳ ነዳዲ

benzinska stanica

ምልክት ትራፊክ

saobraćajni znak

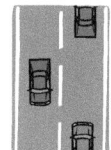

ትራፊክ

saobraćaj

ምጭቕጫቕ ትራፊክ

zastoj

መዐሸጊ መኪና

parkiralište

መዕረፊ ባቡር

železnička stanica

ሓዲግ

šine

ባቡC

voz

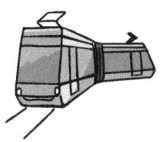

ትረም

tramvaj

ባጎኒ

vagon

ሄሊኮፕተር

helikopter

መዓረፈ ነፈርቲ

aerodrom

ታወር

kula

ተጓዓዚ

putnik

ኮንተይነር

kontejner

ሳንዱቕ ካርቶን

karton

ኮርሳ ጽዕነት

kolica

ዘንቢል

korpa

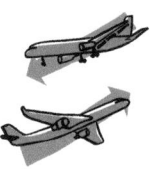

ተበገሰ / ዓለበ

uzleteti / sleteti

ከተማ

grad

ቀሂሸት

selo

ማእከል ከተማ

centar grada

ገዛ

kuća

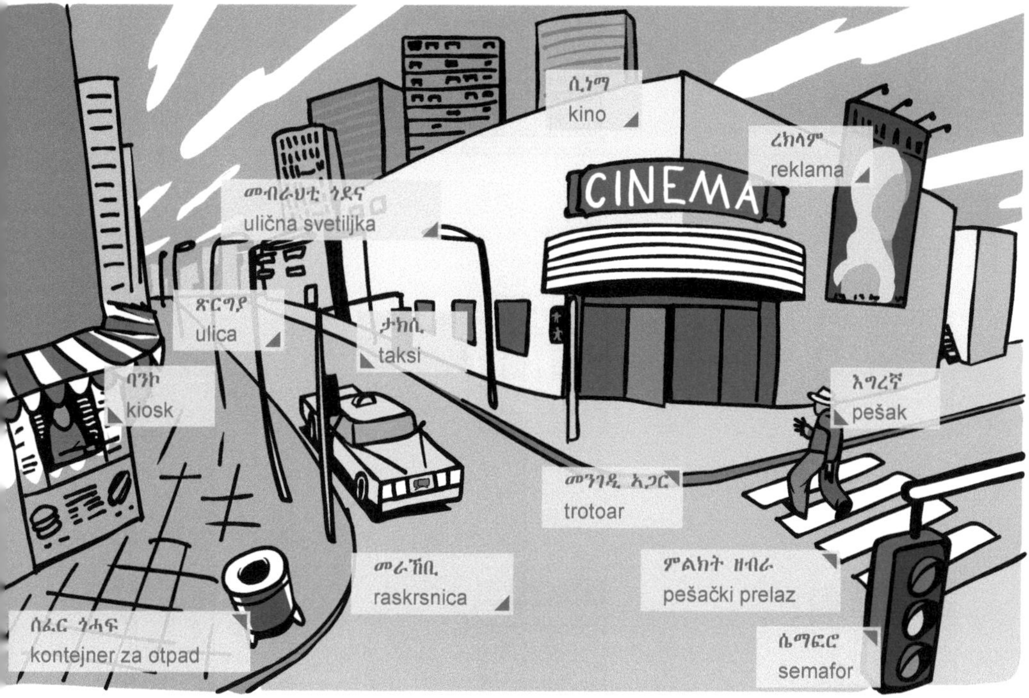

ሲኒማ
kino

ረክላም
reklama

መብራህቲ ጎደና
ulična svetiljka

ጎርግያ
ulica

ታክሲ
taksi

ባንኮ
kiosk

እግረኛ
pešak

መንገዲ አጋር
trotoar

መራኸቢ
raskrsnica

ምልክት ዘብራ
pešački prelaz

ሰፈር ጎሓፍ
kontejner za otpad

ሴማፎር
semafor

አጎዶ
koliba

አፓርትመንት
stan

መዕረፊ ባቡር
železnička stanica

ቤት ምምሕዳር
većnica

ቤተ መዘክር
muzej

ቤት-ትምህርቲ
škola

ዩኒቨርሲቲ

univerzitet

ባንክ

banka

ሆስፒታል

bolnica

መቐበሊ ኣጋይሽ

hotel

ቤት መድሃኒት

apoteka

ቤት ጽሕፈት

kancelarija

ዱኳን መጽሓፍቲ

knjižara

ዱኳን

prodavnica

ዱኳን ዕንባባ

cvećara

ሱፐርማርክት

supermarket

ዕዳጋ

trg

ሹቕ

robna kuća

ነጋዶይ ዓሳ

ribarnica

ሹቕ

trgovački centar

መርሳ

luka

መዝናግዒ
park

ባንኪ
klupa

ድልድል
most

መደያይቦ
stepenice

ባቡር ትሕቲ ምድሪ
podzemna železnica

ቢንቶ
tunel

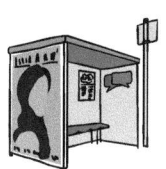

መዕረፊ ኣውቶቡስ
autobuska stanica

ቤት መስተ
bar

ቤት-መግቢ
restoran

ስታሪት
poštansko sanduče

ታቤላ
ulični znak

ሰዓት ፓርኪንግ
parkirni automat

መካነ እንስሳታት
zoološki vrt

መሓምበሲ
bazen

መስጊድ
džamija

ቤት ሕርሻ

seosko gazdinstvo

ብከላ

zagađenje okoline

መቓብር

groblje

ቤተክርስትያን

crkva

ቦታ ምጽዋት

igralište

ቤት መቕደስ

hram

ስእሊ መሬት

pejsaž

አቝጽልቲ
list

መሕበሪ መገዲ
putokaz

መገዲ
put

ሸኻ
livada

እምኒ
kamen

ኮብላሊ
šetač

አግራብ
drvo

ፈለግ
reka

ሰዓሪ
trava

ዕንባባ
cvijet

ስንጭሮ
dolina

ጎቦ
planina

ቀላይ
jezero

ዱር
šuma

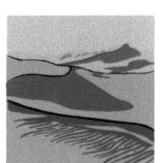

ምድረ በዳ
pustinja

እሳተ-ጎመራ
vulkan

ግምቢ
dvorac

ቀስተ-ደመና
duga

ቃንጥሻ
gljiva

ዓርኮብኮባይ
palma

ጣንጡ
moskito

ሃመማ
muva

ጻጻ
mrav

ንህቢ
pčela

ሳሬት
pauk

ሕንዚዝ

buba

ዕንቅርያብ

žaba

ም8ጹላይ

veverica

ቅንፍዝ

jež

ማንቲለ

zec

ጉንኝ

sova

ጭሩ

ptica

ስዋን

labud

መፍለስ

divlja svinja

ዓጋዘን

jelen

ሙስ

los

ግድብ

nasip

ተርባይን ንፋስ

vetrenjača

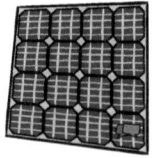

ሶላር ስርሓት

solarna ploča

ኩነታት ኣየር

klima

ቤት-መግቢ
restoran

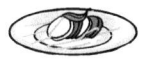

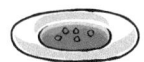

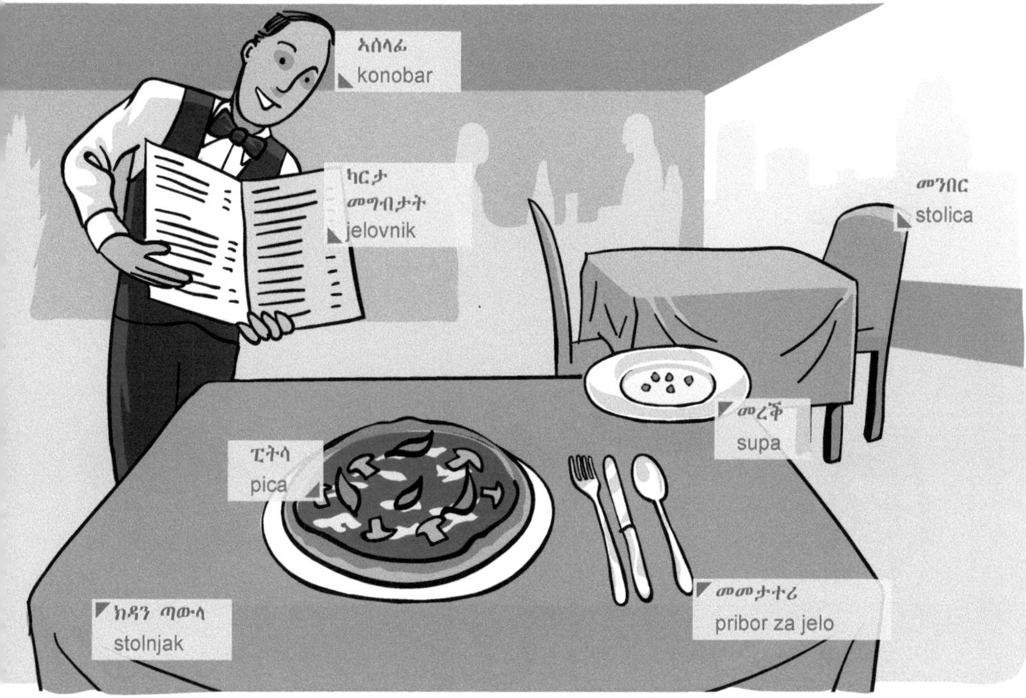
ኣሰላፊ
konobar
ካርታ
መግብታት
jelovnik
መንበር
stolica
መረቕ
supa
ፒትሳ
pica
ክዳን ጣውላ
stolnjak
መመቓቐሊ
pribor za jelo

ቅድመ ቀንዲ መግቢ
....
predjelo

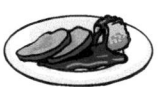

ቀንዲ መኣዲ
....
glavno jelo

ድሕረ መግቢ
....
desert

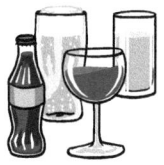

መስተ
....
napitci

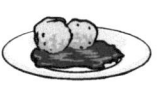

መግቢ
....
jelo

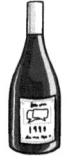

ጥርሙዝ
....
flaša

ስሉጥ መግቢ

brza hrana

መግቢ ጽርግያ

imbis hrana

ብርጭቆ ሻሂ

čajnik

ታኒካ ሽኮር

doza za šećer

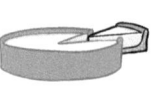

ክፋል

porcija

ማሺን ኤስፕረሶ

aparat za espresso

ነዊሕ መንበር

visoka stolica

ጸብጻብ

račun

ታብለት

poslužavnik

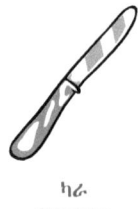

ካራ

nož

ፋርከታ

viljuška

ማንካ

kašika

ማንካ ሻሂ

čajna kašika

ሰርቪየተ

salveta

ብኬሪ

čaša

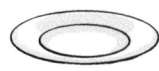

ሽሓኒ

tanjir

ሽሓኒ መረቕ

tanjir za supu

ትሕቲ ኩባያ

tanjirić

ጸብሒ

sos

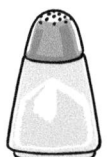

ወሃቢ ጨው

soljenka

መጥሓን በርበረ

mlin za biber

ኣቾቶ

sirće

ዘይቲ

ulje

ቀመም

začini

ከቸፕ

kečap

ኣድሪ

senf

ማዮኔዝ

majoneza

ሱፐርማርክት

supermarket

ወፈያ
ponuda
FOR
ዓሚል
kupac
ፍርያታት ጸባ
mlečni proizvodi
ፍረታት
voće
ሰረገላ ዱኳን
kolica za kupovinu

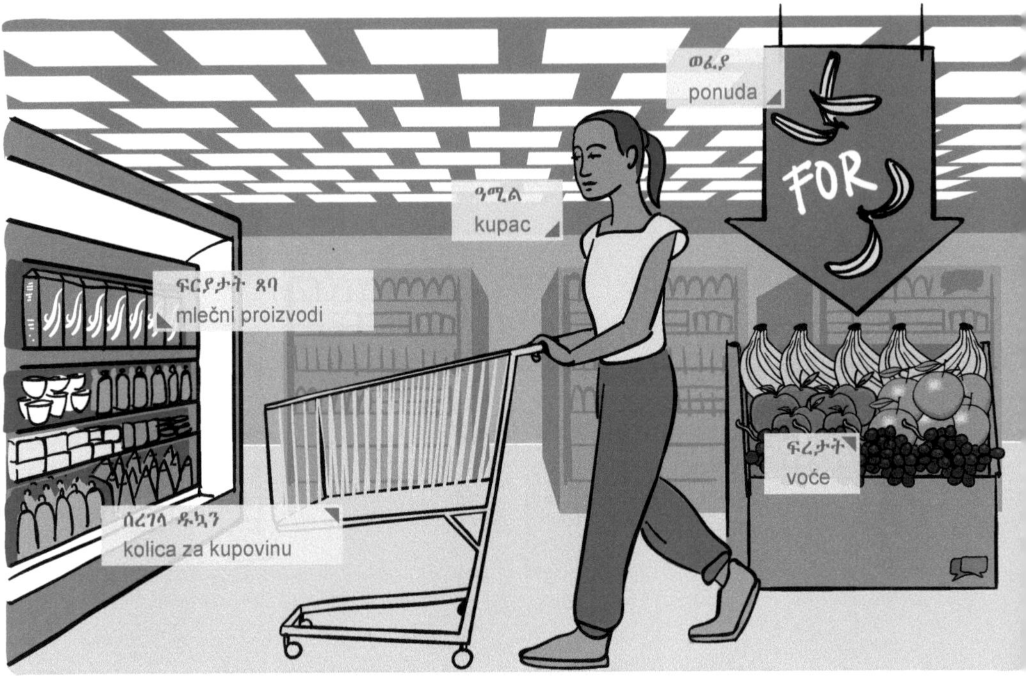

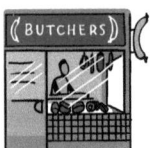

BUTCHERS

እንዳ ስጋ

....

mesnica

BAKERY

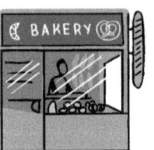

እንዳ ባኒ

....

pekara

ክብደት

....

vagati

ኣሕምልቲ

....

povrće

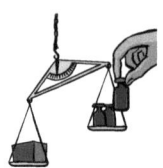

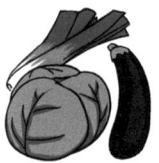

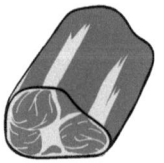

ስጋ

....

meso

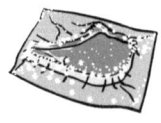

መግቢ ፍሪጅ በረድ

....

smrznuta hrana

ዝሑል ቅሩብ መግቢ.

narezak

እስታጦላ

konzerve

አሞ

sredstvo za pranje

ምቁ መግቢ.

slatkiši

ዘቤታውያን አቕሑ

artikli za domaćinstvo

ናውቲ መጸረዪ.

sredstva za čišćenje

ሸቃጣይ

prodavačica

ካሳ

blagajna

ተሓዝ ገንዘብ

blagajnik

ዝርዝር ምግዛእ

lista za kupovinu

ክፉት ሰዓታት

vreme rada

ማሕፋዳ

novčanik

ክረዲት ካርድ

kreditna kartica

ሳንጣ

torba

ፌስታል

plastična kesa

ማይ

voda

ጭማቆ

sok

ጸባ

mleko

ኮላ

kola

ነቢት

vino

ቢራ

pivo

አልኮል

alkohol

ካካው

kakao

ሻሂ

čaj

ቡን

kava

ኤስፕረሶ

espresso

ካፖቺኖ

cappuccino

ባናና

banana

ቱፋሕ

jabuka

አራንሺ

narandža

ብርጭቆ

lubenica

ለሚን

limun

ካሮት

šargarepa

ጸዓዳ ሽጉርቲ

beli luk

ባምቡስ

bambus

ሽጉርቲ

luk

ቅንጥሻ

gljiva

ፉል

orašasti plodovi

ፓስታ

rezanci

ስፓጌቲ

špagete

ሩዝ

riža

ሰላጣ

salata

ቅልዋ ድንሽ

pomfrit

ቅሉው ድንሽ

pečeni krumpir

ፒትሳ

pica

ሃምቡርገር

hamburger

ሳኒኖ

sendvič

ቢስተካ

šnicla

ሰለፍ ሓሰማ

šunka

ሳላሚ

salama

ግዕዝም

kobasica

ደርሆ

kokoš

ቀለወ

pečenje

ዓሳ

riba

ገዓት

zobene pahuljice

ሙስሊ

musli

ኮርንፍለይክስ

kukuruzne pahuljice

ሓርጭ

brašno

ክሮሶን

kroasan

ባኒ

pecivo

ባኒ

hleb

ቶስት

toast

ብሽኮቲ

keksi

ጠስሚ

maslac

ርጎኦ

sveži sir

ፓስተ

kolač

እንቋቍሖ

jaje

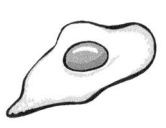

ቅሉው እንቋቍሖ

jaje na oko

ፋርማጆ

sir

አይስ ክሪም
....
sladoled

ሽኮር
....
šećer

መዓር
....
med

ጃም
....
marmelada

ኑጋት-ክሪም
....
nugat krema

ኩሪ
....
kari

ቤት ሕርሻ
seoska kuća

ሓሰር ቦንዳ
bale sena

መኽዘን
ambar

ግራት
polje

ፈረስ
konj

ተስሓቢ
prikolica

ዒሉ
ždrebe

ትራክተር
traktor

እድጊ
magarac

ዕየት
lane

በጊዕ
ovca

ጤል	ብዕራይ	ምራኽ
koza	krava	tele

ሓሰማ	ውላድ ሓሰማ	ኣርሓ
svinja	prase	bik

ዓሳ
guska

ማይ ደርሆ
patka

ጫቑፌት
pilići

ደርሆ
kokoš

ኣርሓ ደርሆ
petao

ኣንጨዋ ዓባይ
pacov

ድሙ
mačka

ኣንጭዋ
miš

ብዕራይ
vol

ከልቢ
pas

ኣጉዶ ከልቢ
kućica za psa

ቱባ ጀርዲን
vrtno crevo

መዝፈፊ ማይ
kanta za polivanje

ዓቢ ማዕጺድ
kosa

ማሕረሻ
plug

ማዕጺድ

srp

ጯኳር

motika

መስአ

viljuška za đubrivo

ፋስ

sekira

ዓረብያ ኢድ

tačke

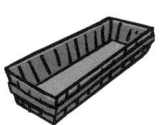

ጋብላ

korito

ብርጭቆ ጸባ

posuda za mleko

ክሻ

vreća

ሓጹር

ograda

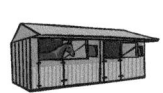

መንሰስ

štala

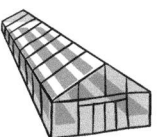

ቾጠልያ ገዛ

staklenik

ባይታ

zemlja

ዘርኢ

seme

ድኹዒ

đubrivo

ዘጣምር ቀውዓይ

kombajn

ቀውዐ

žeti

ጻማ

žetva

ድንሽ ያም

jams začin

ስርናይ

pšenica

ሶያ

soja

ድንሽ

krumpir

ዕፉን

kukuruz

ራፕስ

uljana repica

ገረብ ፍረታት

voćka

ማኒኦክ

gomolj manioke

ኣእኻል

žitarice

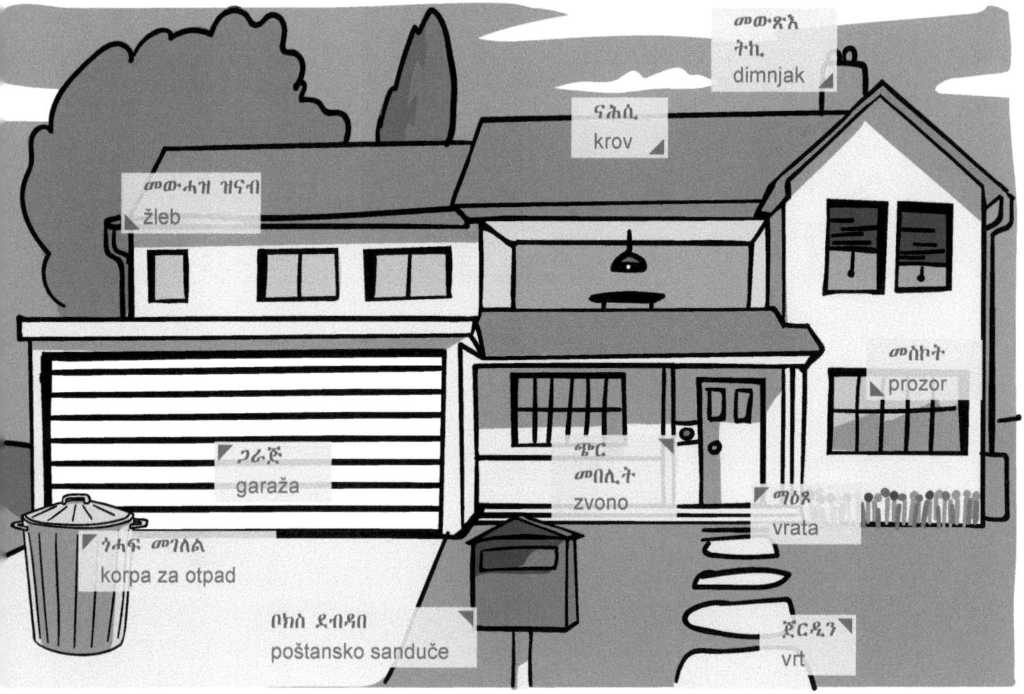

መውጽእ ትኪ
dimnjak

ናሕሲ
krov

መውሓዝ ዝናብ
žleb

መስኮት
prozor

ጋራጅ
garaža

ናይ ጭር መበሊት
zvono

ማዕጾ
vrata

ጓሓፍ መገለል
korpa za otpad

ቦክስ ደብዳበ
poštansko sanduče

ጀርዲን
vrt

ክፍሊ ምችማጥ
dnevna soba

ክፍሊ ባንዮ
kupaonica

ክሽን
kuhinja

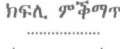

ክፍሊ መደቀሲ
spavaća soba

ክፍሊ ቆልዑ
dečija soba

መመገቢ ክፍሊ
trpezarija

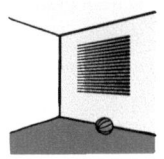

ባይታ

pod

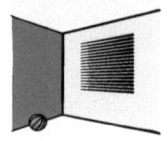

መንደቅ

zid

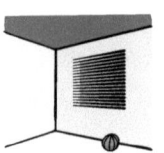

ከበርታ

strop

ካንቲና

podrum

ሳውና

sauna

ባልኮን

balkon

ዛላ

terasa

መሕምበሲ

bazen

መቑረጺ ሳዕሪ

kosilica za travu

አንሶላ ዓራት

posteljina za krevet

ከበርታ ዓራት

deka za krevet

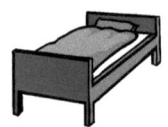

ዓራት

krevet

መኹስተር

metla

መገለል

kanta

መወልዒት

prekidač

ክፍሊ ምቕማጥ
dnevna soba

ወረቐት መንደቕ
tapeta
ስእሊ
slika
ላምፓ
svetiljka
ክብሒ
regal
ክብሒ
ormar
ተለቪዥን
televizija
መውጽኢ ትኪ ኣብ ገዛ
kamin
ዕንባባ
cvijet
መተርኣስ
jastuk
ሳሎን
kauč
ባዞ
vaza
ሪሞት
daljinski upravljač

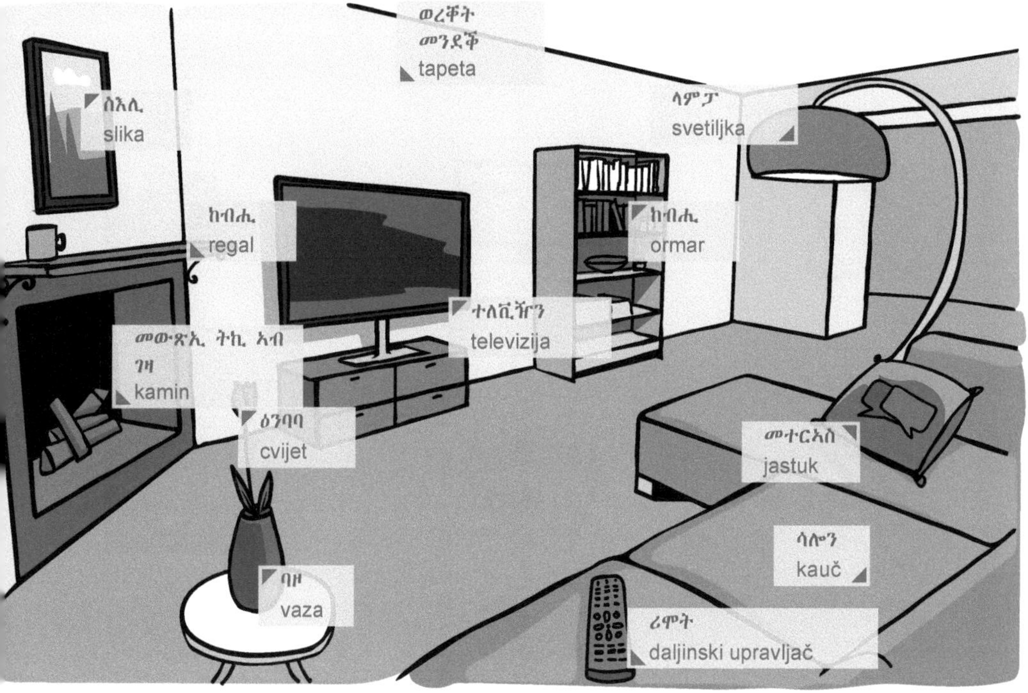

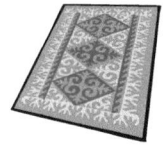

መንጸፍ

tepih

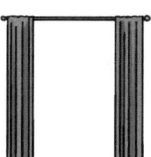

መጋረጃ

zavesa

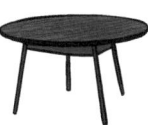

ጣውላ

sto

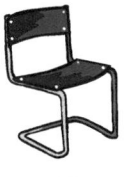

መንበር

stolica

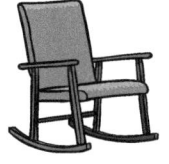

ሰለል ዝብል መንበር

stolica za njihanje

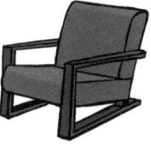

መንበር ምቹእ

fotelja

መጽሐፍ
knjiga

ከበርታ
deka

ስልማት
dekoracija

እንጨይቲ ሓዊ
drvo za ogrev

ፊልም
film

ስተረዮ
hi-fi uređaj

መፍትሕ
ključ

ጋዜጣ
novine

ቅብአ
slika na platnu

ፖስተር
poster

ረድዮ
radio

ጥራዝ
blok za pisanje

መልገሲ ደርና
usisivač

በለስ
kaktus

ሽምዓ
sveća

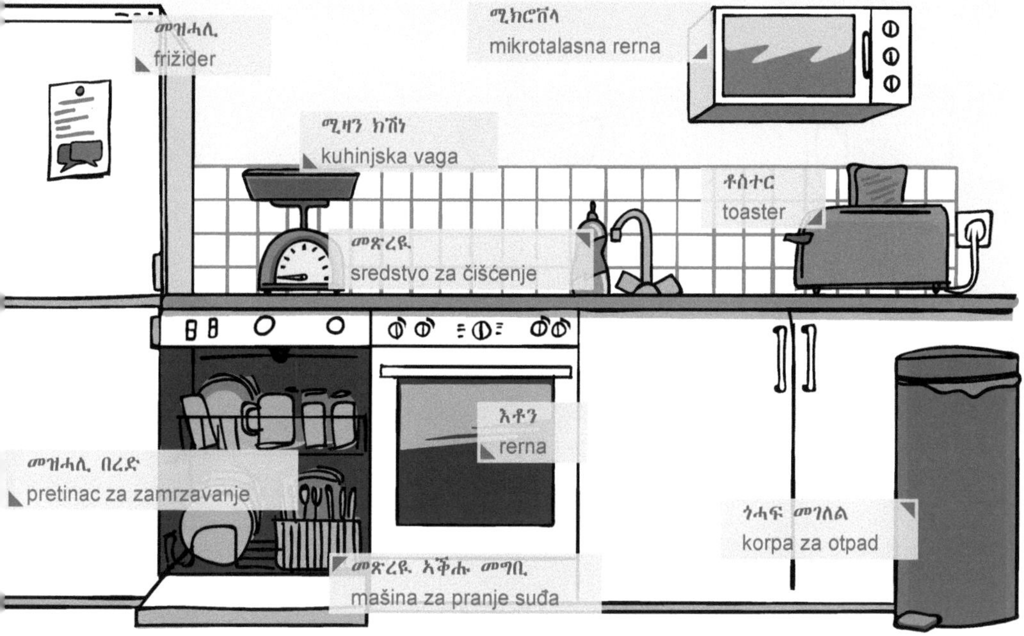

መዝሓሊ
frižider

ሚክሮቨሳ
mikrotalasna rerna

ሚዛን ክሽን
kuhinjska vaga

ቶስተር
toaster

መጽረዪ
sredstvo za čišćenje

እቶን
rerna

መዝሓሊ በረድ
pretinac za zamrzavanje

ጎሓፍ መገለል
korpa za otpad

መጽረዪ ኣቕሑ መግቢ
mašina za pranje suđa

መኽሸኒ
šporet

ድስቲ
lonac

ድስቲ ሓጺን
gvozdeni lonac

ሾክ/ካዳይ
wok / kadai

ባደላ
tava

መውዓዪ ማይ
kuvalo za vodu

መፍልሒ

kuvalo na paru

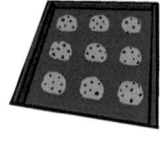

ንቴራ ምስንካት

lim za pečenje

ኣቍሑ መግቢ

posuđe

ብርሚቆ

čaša

ጮሓሎ

posuda

ማንካቺና

štapići za jelo

ማንካ መረቕ

kutlača

መገልበጢ ባደላ

lopatica

መኸስተር ውርጪ

penjača

መንፈት መግቢ

sito za kuvanje

መንፈት

sito

መፋሕፍሒ

ribež

ሞርታር

mužar

ባርቢክዩ

roštilj

ስፍራ ሓዊ

ognjište

እንጨይቲ ምምታር
daska

እንጨይት ኮረር
oklagija

መኽፈት ቡሽ
vadičep

ታኒካ
konzerva

መኽፈቲ ታኒካ
otvarač konzervi

ጨርቂ ድስቲ
krpa za lonac

ቡምባ
sudoper

አስባስላ
četka

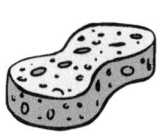

ሰፍነግ
sunđer

ሓዋሲ አደባላቒ
mikser

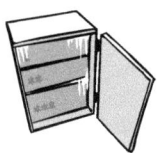

መዝሓሊ በረድ
zamrzivač

ጥርሙዝ ማማይ
flašica za bebe

ቡምባ ማይ
slavina za vodu

ክፍሊ ባንዮ

kupaonica

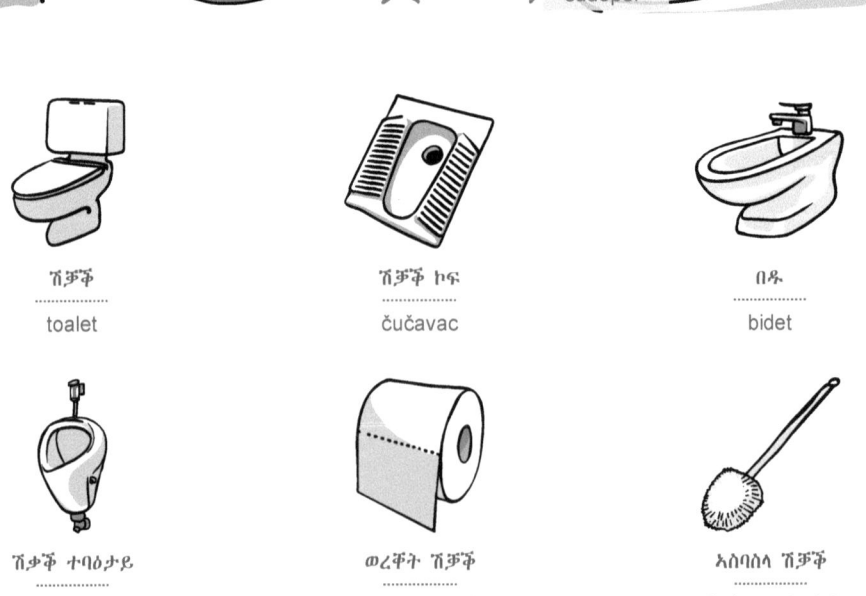

መውዓዪ
grejanje
መሕጸቢ ሻወር
tuš
ሽጎማኖ
peškir
ሻወር መጋረጃ
zavesa za tuš
መሕጸቢ ዓፍራ
penušava kupka
ባንዮ መሕጸቢ
kada
ብኬሪ
čaša
ሓጻቢት
mašina za pranje veša
ቡምባ ማይ
slavina za vodu
ማቶነላ
pločice
ድስቲ
tuta
ቡምባ
sudoper

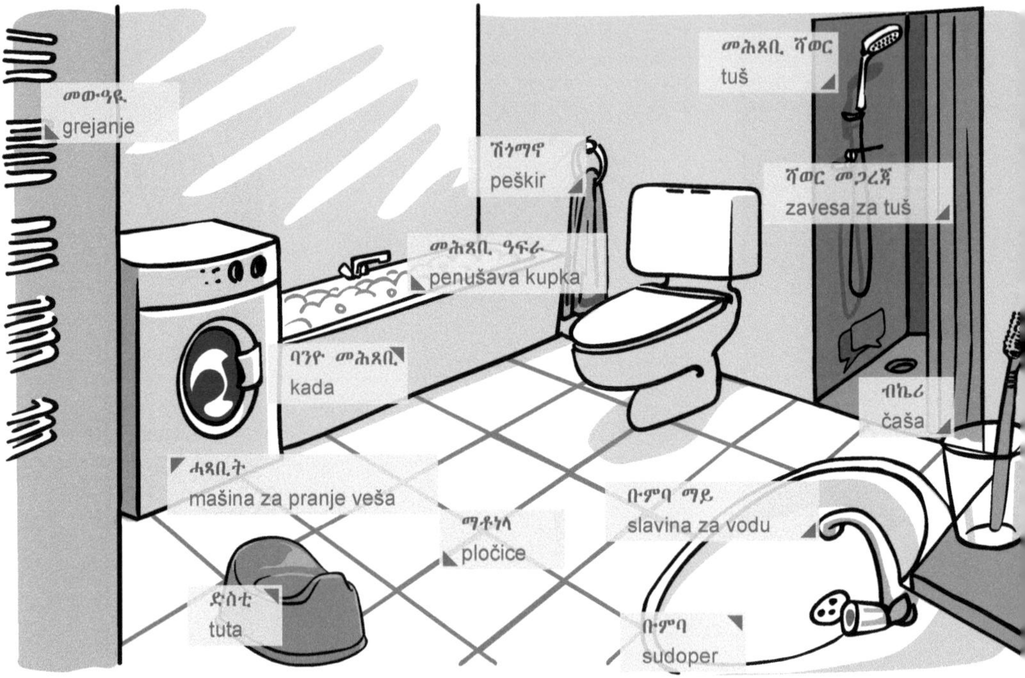

ሽቓቕ
toalet

ሽቓቕ ኮፍ
čučavac

በዱ
bidet

ሽቓቕ ተባዕታይ
pisoar

ወረቐት ሽቓቕ
toaletni papir

ኣስባስላ ሽቓቕ
četka za toalet

አስባስላ ስኒ

četkica za zube

ክሪማ ስኒ

pasta za zube

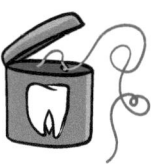

ሃሪ ስኒ

konac za zube

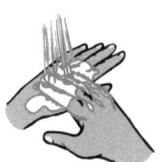

ሓጸበ

prati

ዱሽ ኢ.ድ

tuš ručica

ዱሽ

tuš za pranje intimnih delova

ብርጭቆ ምሕጸብ

lavor

አስባስላ ሕቖ

četka za pranje leđa

ሳምና

sapun

ሻወር ጀል

gel za tuširanje

ሻምፑ

šampon

ጨርቂ መሕጸቢ

krpa za pranje

መውሓዚ

odvod

ክሪማ

krema

ደዮ ጨና

dezodorans

መስትያት

ogledalo

ናይ ኢድ መስትያት

kozmetičko ogledalo

መላጸ

brijač

ዓፍራ ምልጸይ

pena za brijanje

ጨና ድሕሪ ምልጸይ

losion za posle brijanja

መመሸጥ

češalj

አስባስላ

četka

መንቆጺ ጸግሪ

fen za kosu

ስፕረይ ጸግሪ

sprej za kosu

መመላኽዒ

makeup

ብርዒ ቀለም ከንፈር

ruž za usne

አዝማልቶ

lak za nokte

ጸምሪ ጡጥ

vata

መስደዲ ጽፍሪ

makaze za nokte

ጨና

parfem

ሳንጣ መሕጸቢ
kozmetička torbica

ድኳ
stolica

ሚዛን
vaga

ክዳን መሕጸቢ
ogrtač

ጓንቲ መጽረዪ
rukavice za čišćenje

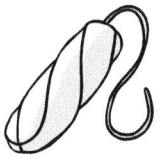

ታምፓን
tampon

ጨርቂ ሰበይቲ
uložak

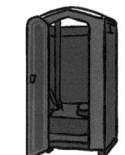

ሽቓቕ ከሚስትሪ
hemijski toalet

ክፍሊ ቆልዑ

dečija soba

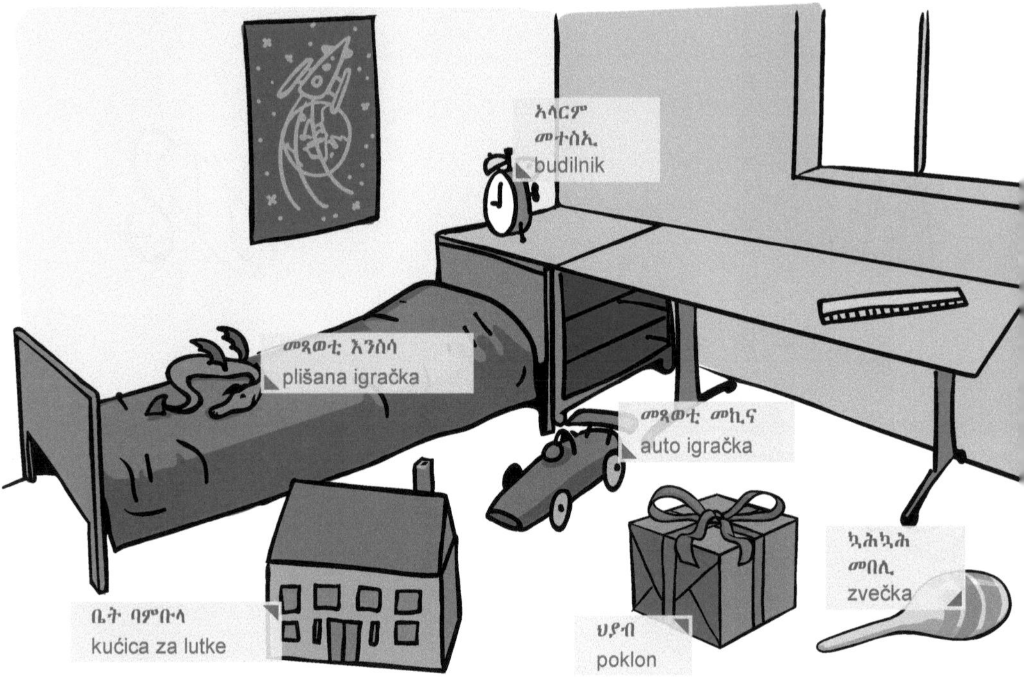

ኣላርም
መተስኢ
budilnik
መጻወቲ እንስሳ
plišana igračka
መጻወቲ መኪና
auto igračka
ኳሕኳሕ
መበሊ
zvečka
ቤት ባምቡላ
kućica za lutke
ህያብ
poklon

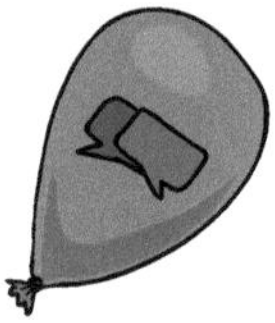

ባላንችና

balon

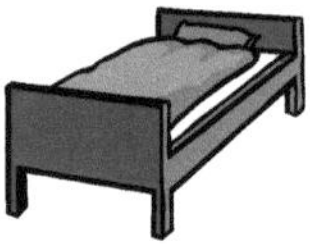

ዓራት

krevet

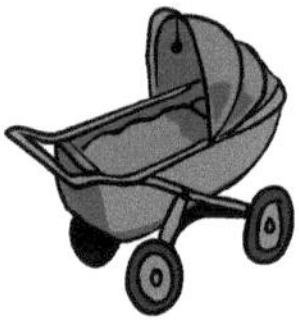

ሰረገላ ህጻን

dječija kolica

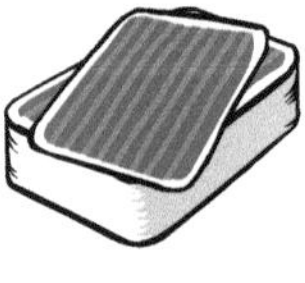

ጸወታ ካርታ

igra s kartama

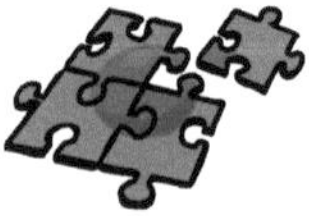

ሕንቅሊተይ

slagalica

ኮሚዲ

strip

እምንታት መጻወቲ ለጎ

lego kockice

መጻወቲ እምንታት

kockice za slaganje

በዓል አክቸን

akcioni junak

ክዳን ማማይ

benkica za bebe

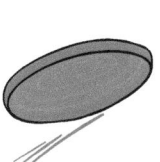

ፍሪስቢ

frizbi

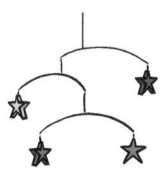

ሞባይል ማማይ

viseće igračke

ጸወታ ሰሌዳ

društvene igre

ኩቦ

kocka

ሞደል ባቡር ምድሪ

minijaturna željeznica

ዓባስ

duda

ፓርቲ

zabava

መጽሓፍ ስእሊ

slikovnica

ኩዕሶ

lopta

ባምቡላ

lutka

ተጻወተ

igrati

መጻወቲ ሑጻ
pješčanik

ሰላል
ljuljačka

መጻወቲታት
igračka

ኮንሶል ቪድዮ
konzola za igre

መጻወቲ ሰለስተ መንኮርኮር
tricikl

ተዲ
tedi

ከብሒ ክዳን
ormar

ካልስታት
kratke čarape

ነዊሕ ካልስታት
čarape

ስረ ካልሲ
hulahopke

ሻርባ
šal

ጽላል
kišobran

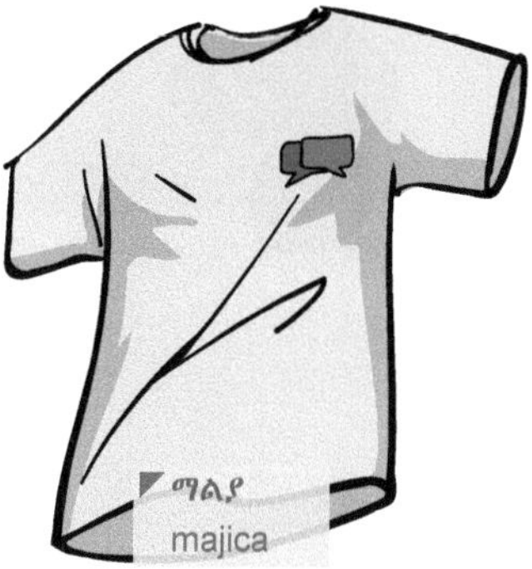

ማልያ
majica

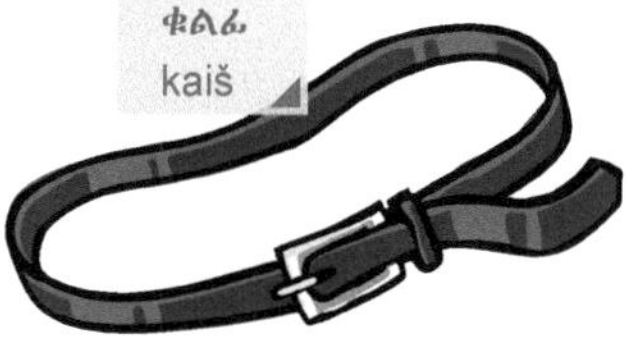

ቁልፊ
kaiš

ረፋዕ
čizme

ጫማ ገዛ
papuče

ስኒከርስ
patike

ሻበጥ
sandale

ጫማ
cipele

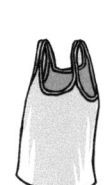

ረፋዕ ጎማ
gumene čizme

ሙታንታ
gaćice

ክዳን ጡብ
grudnjak

ትሕተ ካሚቻ
potkošulja

ቦዲ

bodi

ስረ

pantalone

ጂንስ

farmerke

ቀምሽ

suknja

ካምቻ

bluza

ካሚቻ

košulja

ጉልፍ

džemper

ጎልፍ

džemper s kapuljačom

ጃኬት

sako

ጃከት

jakna

ጁባ

kaput

ክዳን ዝናብ

kabanica

ኮስቱም

kostim

ቀምሽ

haljina

ቀምሽ መርዓ

venčanica

ልብሲ

odelo

ካሚቻ ለይቲ

spavaćica

ክዳን ለይቲ

pidžama

ሳሪ

sari

መሃረብ ርእሲ

marama za glavu

ቴርባን

turban

ቡርካ

burka

ካፍታን

kaftan

አባያ

abaja

ክዳን መሕምበሲ

kupaći kostim

ስረ መሕምበሲ

kupaće gaćice

ሓጺር ስረ

kratke pantalone

ክዳን ታዕሊም

odeća za trening

በኛ ክዳን

kecelja

ጓንቲ

rukavice

መልጎም

dugme

መነጽር

naočare

በንናጅር

narukvica

ማዕተብ

ogrlica

ቀለበት

prsten

ኩትሻ

naušnica

ቆብዕ

kapa

መንበሪ ጁባ

vešalica

ባርኔጣ

šešir

ካራሻት

kravata

ሻርኔጣ

patent zatvarač

ሀልመት

kaciga

መድልደል ስረ

naramenice

ድቢዛ ቤትትምህርቲ

školska uniforma

ድቢዛ

uniforma

ሰደርያ ቆልዓ
podbradak

ዓባስ
duda

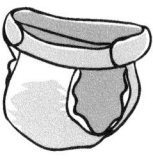

ጨርቂ ማማይ
pelena

ቤት ጽሕፈት
kancelarija

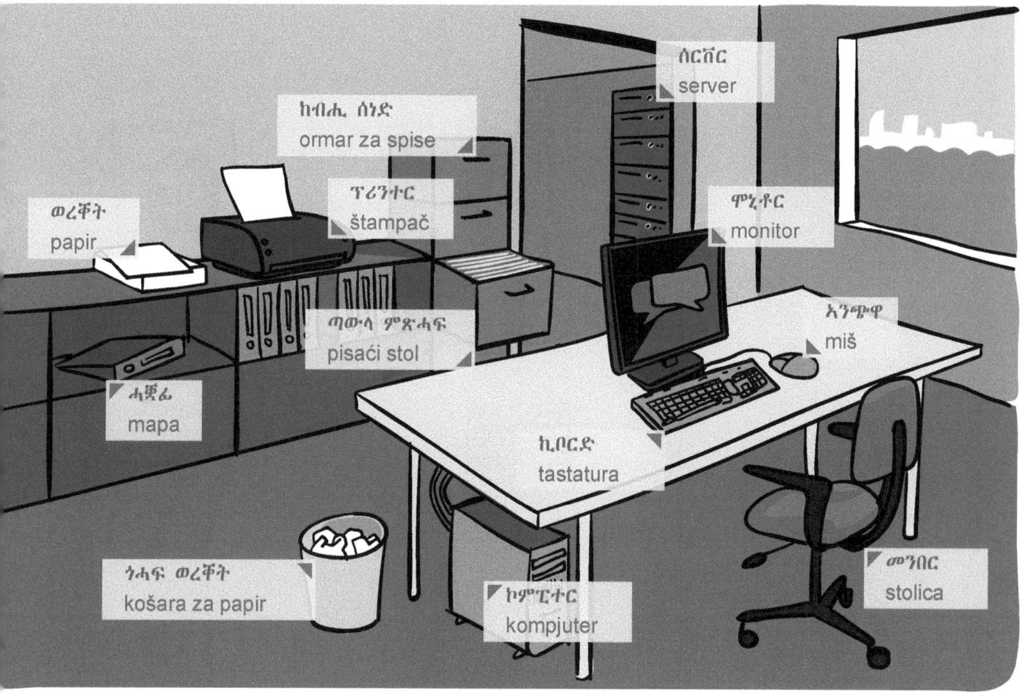

ሰርቨር
server

ከብሒ ሰነድ
ormar za spise

ወረቓት
papir

ፕሪንተር
štampač

ሞኒቶር
monitor

ጣውላ ምጽሓፍ
pisaći stol

አንጭዋ
miš

ሓጀሬ
mapa

ኪቦርድ
tastatura

ጎሓፍ ወረቓት
košara za papir

ኮምፒተር
kompjuter

መንበር
stolica

ብርጭቆ ቡን
šalica za kavu

ካልኩለተር
kalkulator

ኢንተርኔት
internet

ለፕቶፕ

laptop

ደብዳበ

pismo

መልእኽቲ

poruka

ሞባይል

mobilni telefon

ነትወርክ/መርበብ

mreža

መቅድሒ ፎቶኮፒ

uređaj za kopiranje

ሶፍትዌር

softver

ተለፎን

telefon

ሶከት ኣረንቲ

utičnica

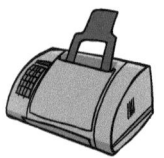

ፋክስ

faks

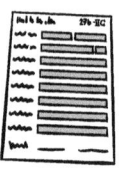

ፎርም

formular

ሰነድ

dokument

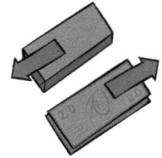

ገዝአ

kupovati

ከፈለ

platiti

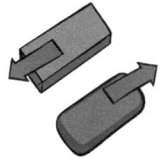

ንግዲ

trgovati

ገንዘብ

novac

ዶላር

dolar

አይሮ

evro

የን

jen

ሩብል

rublja

ስዊዝ ፍራንከን

švajcarski franak

ረንሚንቢ የዋን

renmindbi juan

ሩፕየ

rupija

መውጽኢ ማሺን ገንዘብ

automat za novac

በታ ቅያር ገንዘብ

menjačnica

ወርቂ

zlato

ብሩር

srebro

ዘይቲ

nafta

ሓይሊ

energija

ዋጋ

cena

ውዕል

ugovor

ቀረጽ

porez

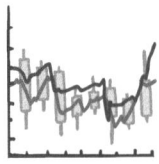

እኩብ ጥረ-ነገራት

deonica

ሰርሓ

raditi

ሰራሕተኛ

službenik

ኣስራሒ

poslodavac

ትካል

fabrika

ዱኳን

prodavnica

ሞያታት

zanimanja

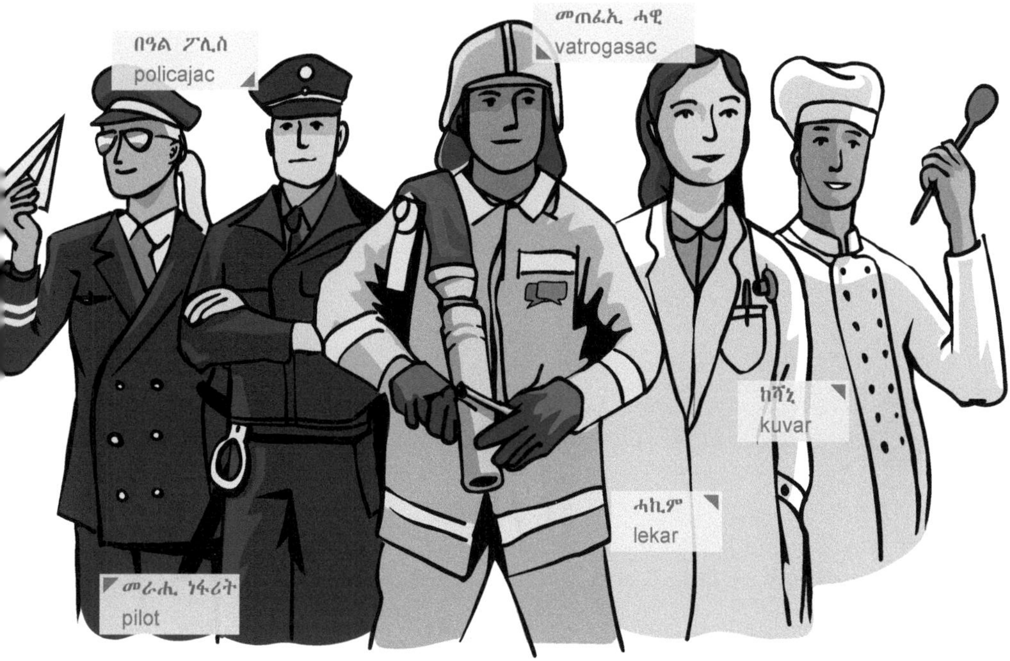

በዓል ፖሊስ
policajac
መጠፊኢ ሓዊ
vatrogasac
ከሻኒ
kuvar
ሓኪም
lekar
መራሒ ነፋሪት
pilot

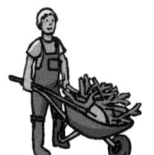

ሰራሕተኛ ጀርዲን

vrtlar

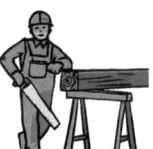

ጸራቢ ዕንጸይቲ

stolar

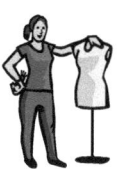

ሰፋይት

krojačica

ፈራዳይ

sudija

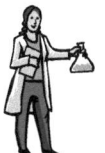

ቀማሚ

hemičar

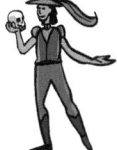

ተዋሳኢ

glumac

መራሒ አዉቶቡስ

vozač autobusa

አዉቲስታ ታክሲ

vozač taksija

ገፋፊ ዓሳ

ribar

ጸራጊት

čistačica

ሃናጺይ ናሕሲ

krovopokrivač

አሰላፊ

konobar

ሃዳናይ

lovac

ሰአላይ

slikar

እንዳ ሕብስቲ

pekar

ኤለትሪከኛ

električar

ሃናጺ አባይቲ

građevinski radnik

ሃንዳሲ

inženjer

ሰራሕተኛ እንዳ ስጋ

mesar

ድራብሊኮ

limar

አማላሲ ጶስጣ

poštar

ወተሃደር
....
vojnik

መሃንድስ
....
arhitekta

ተሓዝ ገንዘብ
....
blagajnik

ሰራሕተኛ ዕምባባ
....
cvećar

ቀምቃማይ
....
frizer

ፈተሪኖ
....
kondukter

መካኒክ
....
mehaničar

መራሒ መርከብ
....
kapetan

ሓኪም ስኒ
....
zubar

ተመራማሪ
....
naučnik

ራቢ
....
rabi

ኢማም
....
imam

ፈላሲ
....
monah

ቀሺ
....
svećenik

ናውቲ
alati

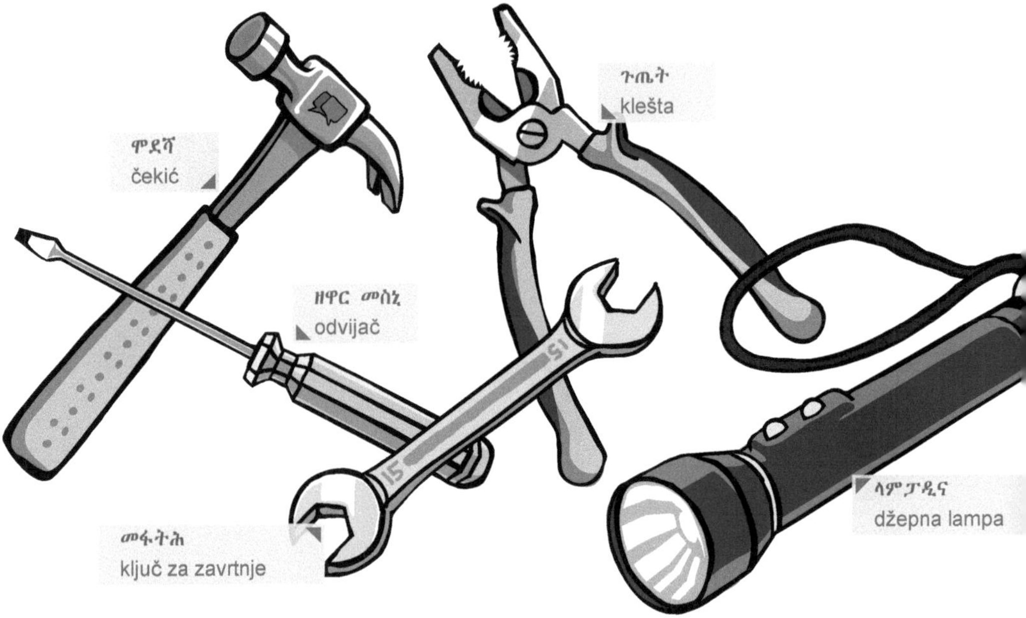
ሞደሻ
čekić
ጉጤት
klešta
ዘዋር መስኒ
odvijač
መፋትሕ
ključ za zavrtnje
ላምፓዲና
džepna lampa

ፈሓሪ

bager

ናውቲ ቦክስ

kutija za alat

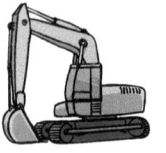

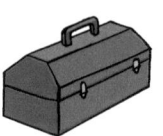

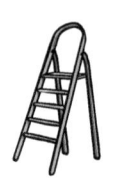

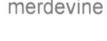

መደያይቦ

merdevine

መጋዝ

pila

መስማር

ekser

ኰዓቲ

bušilica

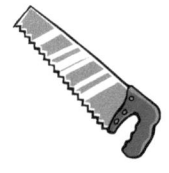

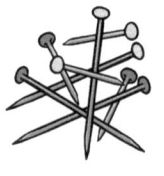

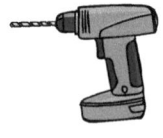

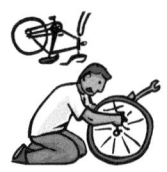

ምዕራይ

popraviti

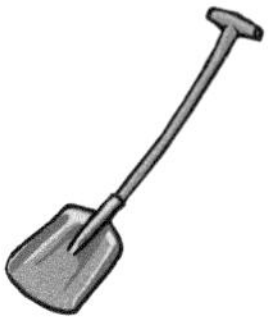

ባደላ

lopata

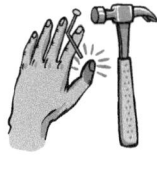

ኣይ!

do đavola!

መትሓዚ ጾሮና

lopatica

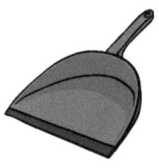

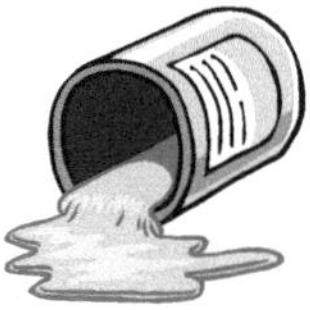

ድስቲ ቀለም

lonac za boju

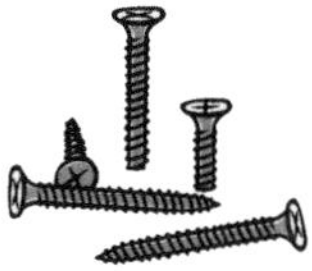

ካቻቢተ

zavrtanji

መሳርሒ ሙዚቃ

muzički instrument

እስፒከር
zvučnik
ከቦሮታት
bubnjevi
ረጕድ ዓባይ ጊታር
kontrabas
ትሮምፐት
truba
ጊታር
gitara

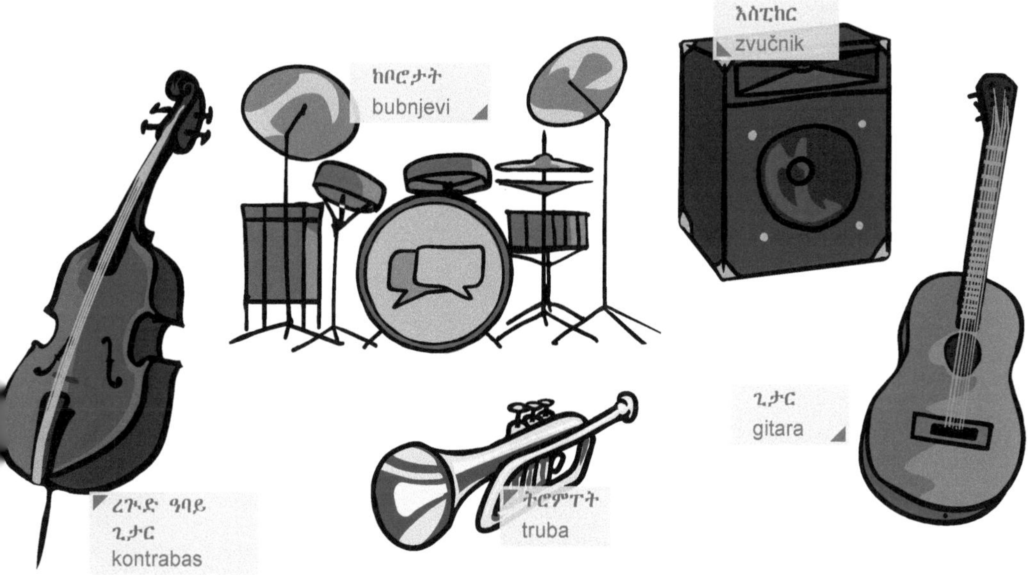

ፒያኖ

klavir

ቪዮሊን

violina

ባስ ጊታር

bas

ቲምንኢ

timpani

ከበሮ

udaraljke za bubnjeve

ኦርጋን

tipke klavira

ሳክሶፎን

saksofon

ሻምብቆ

flauta

ሚክሮፎን

mikrofon

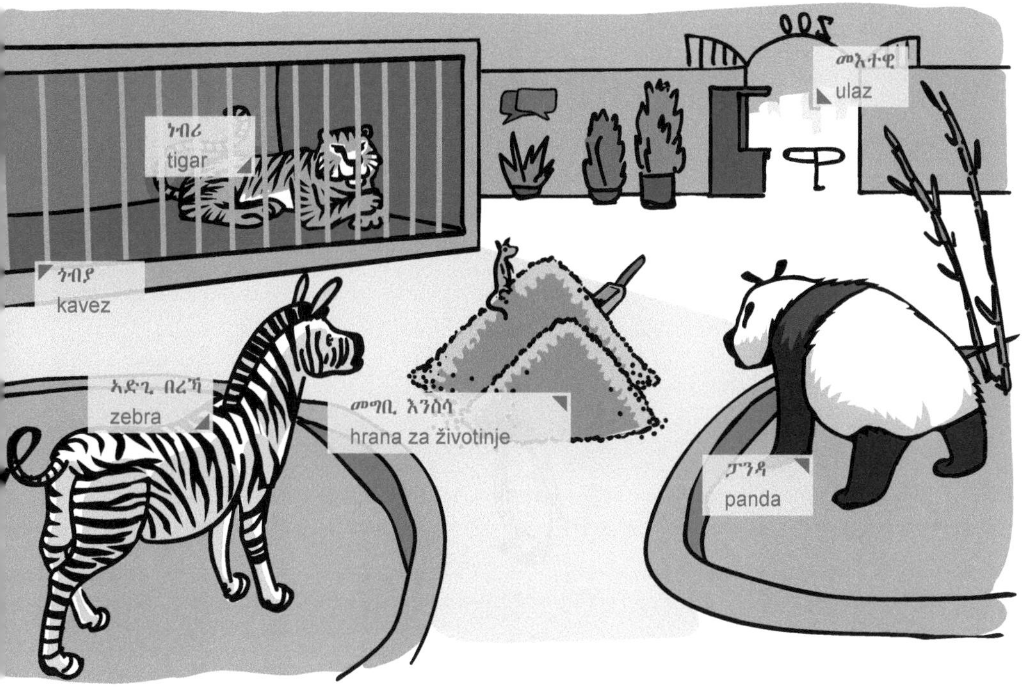

ነብሪ
tigar

መእተዊ
ulaz

ጎብያ
kavez

አድጊ በረኻ
zebra

መግቢ እንስሳ
hrana za životinje

ፓንዳ
panda

እንስሳታት
životinje

ሓርማዝ
slon

ካንጋሩ
kengur

ሓሪሽ
nosorog

ጉሪላ
gorila

ድቢ
medved

ገመል

kamila

ሰገን

noj

አንበሳ

lav

ህበይ

majmun

ፍላሚንጎ

flamingo

ሕንጸይ

papagaj

ድቢ በረድ

polarni medved

ፕንጉን

pingvin

ክልቢ ዓሳ

ajkula

ጣውስ

paun

ተመን

zmija

ሓርገጽ

krokodil

ሓላዊ ቤት ገርድሽ

čuvar u zoološkom vrtu

ዓሳ ዚምገብ እንስሳ ባሕሪ

tuljan

ጃጓር

jaguar

ሓጺር ፈረስ
poni

ነብሪ
leopard

ጉማረ
nilski konj

ጀ ራፍ
žirafa

ሊላ
orao

መፍለስ
divlja svinja

ዓሳ
riba

ጎብየ
kornjača

ዋልሩስ
morž

ወ'ኻርያ
lisica

ሰስሓ
gazela

ናይ አሜሪካ ኩዕሶ እግሪ
američki nogomet

ምዝዋር ብሽግለታ
biciklizam

ተኒስ
tenis

ባስከትባል
košarka

ምሕምባስ
plivanje

ሆኪ በረድ
hokej na ledu

ቦክሲንግ
boks

ኩዕሶ እግሪ
....
fudbal

ባድሚንቶን
....
badminton

እስፖርታዊ ንጥፈታት
....
atletika

ኩዕሶ ኢድ
....
rukomet

ስኪ
....
skijanje

ፖሎ
....
polo

ሰሓቐ
smejati se

ነጠረ
skočiti

ሓቖፈ
zagrliti

ከደ
ići

ደረፈ
pevati

ሓለመ
sanjati

ጸለየ
moliti se

ሰዓመ
poljubiti

ጸሓፈ	ሰአለ	አርአየ
pisati	crtati	pokazati

ደፍአ	ሃበ	ወሰደ
gurati	dati	uzeti

አለወ
imati

ገበረ
činiti

ኮነ
biti

ጠጠው በለ
stojati

ጎየየ
trčati

ሰሓበ
povlačiti

ሰንደወ
baciti

ወደቐ
padati

ሓሰወ
ležati

ተጸበየ
čekati

ሰከም
nositi

ኮፍ በለ
sediti

ተኽድነ
oblačiti

ደቀሰ
spavati

ተስአ
probuditi se

ረአየ

gledati

በኸየ

plakati

ብኣጽብኡ ደረዘ

milovati

መሸጠ

češljati

ተዛረበ

govoriti

ተረድአ

razumeti

ሓተተ

pitati

ሰምዐ

slušati

ሰተየ

piti

በልዐ

jesti

አቐመጠ

pospremiti

አፍቀረ

voleti

ከሸነ

kuhati

ዘወረ

voziti

ነፈረ

leteti

ብመርከብ ገየሸ

ploviti

ደመረ

računati

አንበበ

čitati

ተመሃረ

učiti

ሰርሐ

raditi

መርዓወ

venčati se

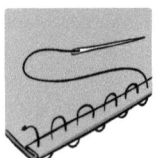

ሰፈየ

šiti

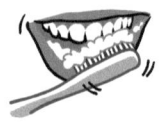

ጽሬት አስናን

prati zube

ቀተለ

ubiti

ሽጋራ ተከኸ

pušiti

ሰደደ

poslati

ዓባየ
baka

አቦሓጎ
deda

አቦ
otac

ኣደ
majka

ማማይ
beba

ጓል
kćerka

ወዲ
sin

ጋሻ
gost

ሓትሞ
tetka

አኮ
ujak, stric

ሓው
brat

ሓፍቲ
sestra

ኣካላት

telo

ግንባር
čelo
ዓይኒ
oko
ገጽ
lice
መንከስ
brada
ኣጻብዕ
prst
ኢድ
ruka
ኣፍ-ልቢ
grudi
ምናት
ruka
መንኩብ
rame
ሽፋን እግሪ
noga

ማማይ

beba

ሰብኣይ

muškarac

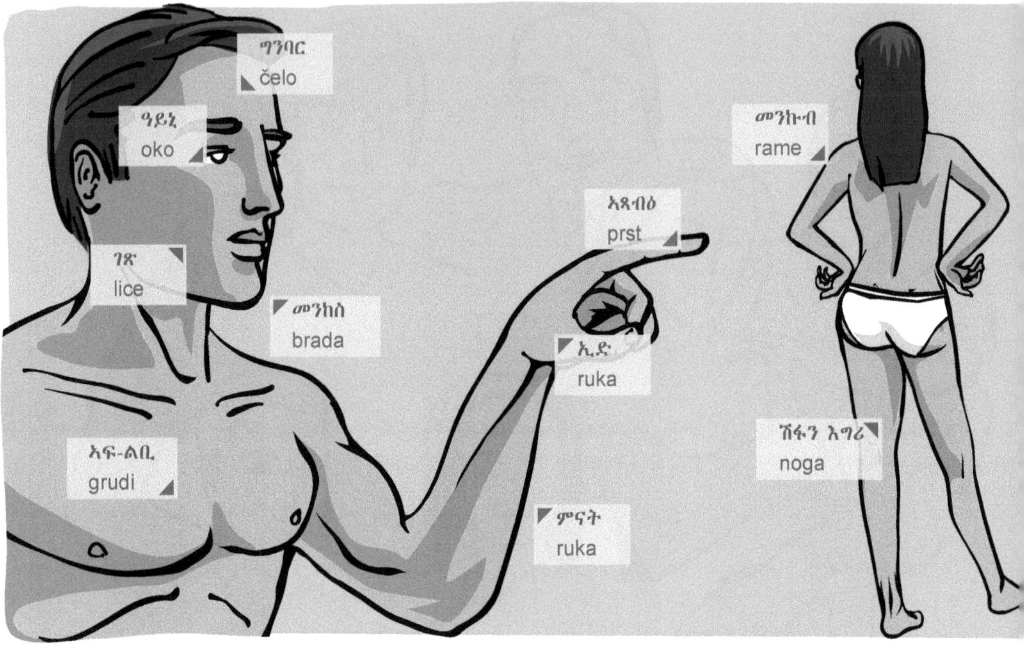

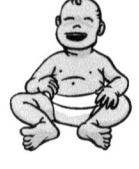

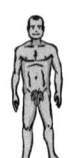

ሰበይቲ

žena

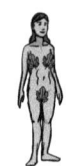

ጓል

devojčica

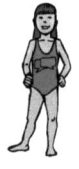

ወዲ

dečak

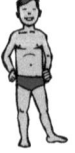

ርእሲ

glava

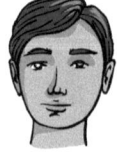

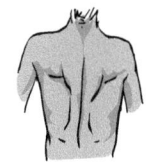

ሕቘ

leđa

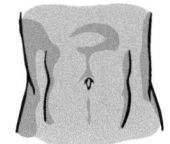

ከስዐ

stomak

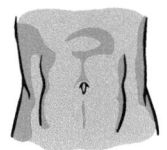

ሕምብርቲ

pupak

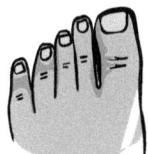

ኣጻብዕ እግሪ

nožni prst

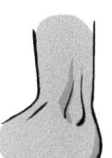

ኩርኹረ

peta

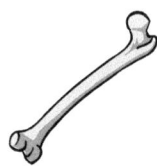

ዓጽሚ

kost

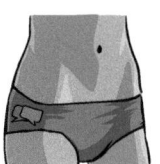

ምሕኩልቲ

kukovi

ብርኪ

koleno

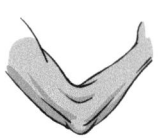

ፍግፍጉ

lakat

ኣፍንጫ

nos

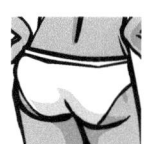

መዓኮር

zadnjica

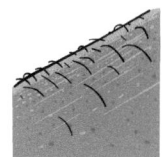

ቆርበት

koža

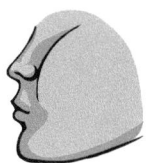

ምዕጉርቲ

obraz

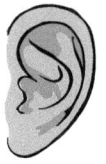

እዝኒ

uvo

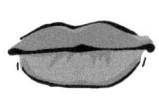

ከንፈር

usna

አፍ

usta

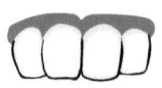

ስኒ

zub

መልሓስ

jezik

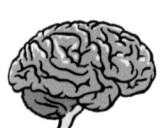

ሓንጎል

mozak

ልቢ

srce

ጭዋዳ

mišić

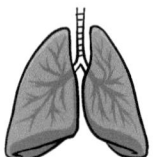

ሳንቡእ

pluća

ጸላም ከብዲ

jetra

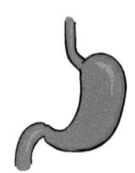

ከብዲ

želudac

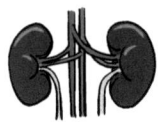

ኮሊት

bubrezi

ግብረ ስጋ

polni odnos

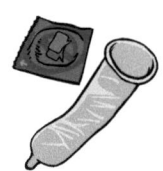

ኮንዶም

kondom

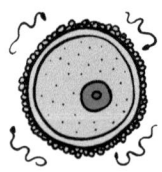

እንቋቝሖ

jajna ćelija

ዘርኢ ተባዕታይ

sperma

ጥንሲ

trudnoća

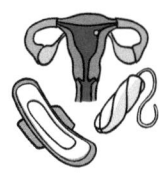

ጽግያት
....
menstruacija

ርሕሚ
....
vagina

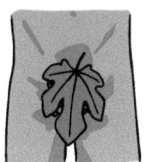

መትሎ
....
penis

ሽፋሽፍቲ
....
obrva

ጸግሪ
....
kosa

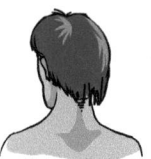

ክሳድ
....
vrat

ሆስፒታል
bolnica

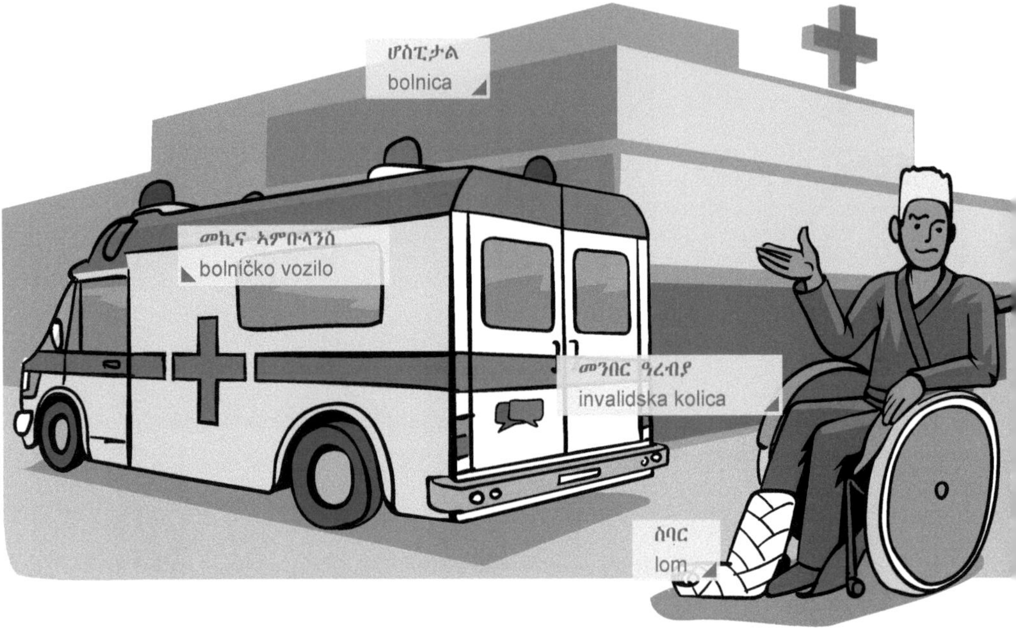

መኪና አምቡላንስ
bolníčko vozilo

መንበር ዓረብያ
invalidska kolica

ስባር
lom

ሓኪም

lekar

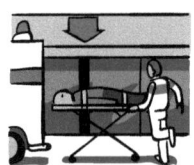

ክፍሊ ህጹጽ ረድኤት

hitna medicinska služba

ኣላይት

medicinska sestra

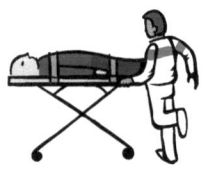

ህጹጽ ኩነት

hitni slučaj

ውነኡ ዘጥፍአ

nesvest

ቃንዛ

bol

ጉድኣት

povreda

ደም

krvarenje

ማህረምቲ

srčani udar

ማህረምቲ

udar

ኣለርጂ

alergija

ሰዓል

kašalj

ረስኒ

groznica

ኡንፍልወንዛ

gripa

ውጽኣት

proliv

ቃንዛ ርእሲ

glavobolja

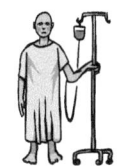

መንሽሮ

rak

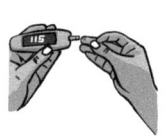

ሹኮርያ

dijabetes

ሓኪም መጥባሕቲ

hirurg

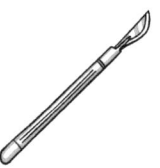

መጥብሒ

skalpel

መጥባሕቲ

operacija

ሆስፒታል - bolnica

CT

ct

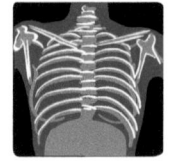

ራጂ

rentgen

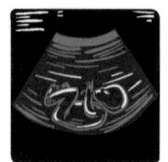

ልዕስ ድምጸዊ

ultrazvuk

መሸፈኒ ገጽ

maska

ሕማም

bolest

ክፍሊ ምጽባይ

čekaona

ምርኩስ

štaka

መጅነኒ ቐስሊ

flaster

መጅነኒ

zavoj

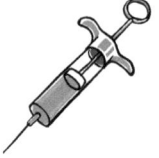

መርፍዕ ምውጋእ

injekcija

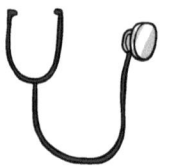

ስተቶስኮፕ

stetoskop

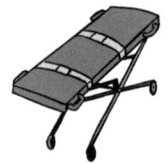

መሰከሚ ሕማም

nosila

ቴርሞመተር

termometar

ትውልዲ

rođenje

ልዕስ-ሚዛን

prekomerna težina

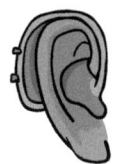

ሓገዝ ምስማዕ

slušni aparat

ኣንጸሂ

sredstvo za dezinfekciju

ልበዳ

infekcija

ቫይረስ

virus

ኤድስ

HIV / AIDS

ሕክምና

medicina

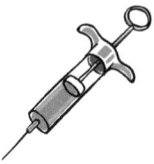

ክታበ

vakcinacija

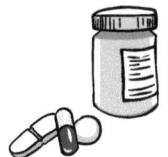

ከኒና

tablete

ከኒና

pilula

ህጹጽ ምድዋል

hitni poziv

መዕቀኒ ጸቕጢ ደም

uređaj za merenje pritiska

ሕሙም / ጥዑይ

bolesno / zdravo

ሓገዝ

pomoć!

ኣላርም

alarm

ምህጃም

nasrtaj

መጥቃዕቲ

napad

ድንገት

opasnost

ህጹጽ መውጽኢ

izlaz u slučaju nužde

ሓዊ!

požar!

መጥፍኢ ሓዊ

protivpožarni aparat

ሓደጋ

nezgoda

ሳንጣ ቀዳማይ ረድኤት

kutija prve pomoći

SOS

sos

ፖሊስ

policija

ኤውሮጳ

Evropa

ሰሜን አመሪካ

Severna Amerika

ደቡብ አመሪካ

Južna Amerika

አፍሪቃ

Afrika

ኤስያ

Azija

አውስትራልያ

Australija

አትላንቲክ

Atlantik

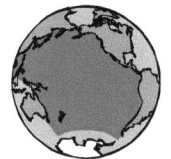

ፓሲፊክ

Pacifik

ህንዳዊ ዉቅያኖስ

Indijski okean

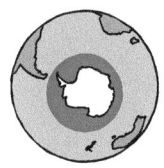

አንታርቲካዊ ዉቅያኖስ

Antarktički okean

አርክቲካዊ ዉቅያኖስ

Arktički ocean

ሰሜናዊ ዋልታ

Severni pol

ደቡባዊ ዋልታ

Južni pol

አንታርቲካ

Antarktik

ምድሪ

zemlja

መሬት

zemlja

ባሕሪ

more

ደሴት

otok

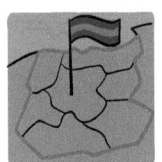

ሃገር

nacija

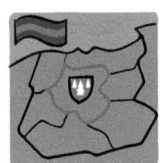

ዓዲ

država

ገጽ ሰዓት

brojčanik sata

አመልካቲ ሰዓታት

satna kazaljka

አመልካቲ ደቓይቕ

minutna kazaljka

አመልካቲ ካልኢት

sekundna kazaljka

ሰዓት ክንደይ አሎ?

Koliko je sati?

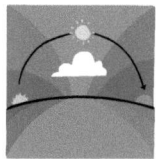

መዓልቲ

dan

ግዜ

vreme

ሕጂ

sada

ዲጊታል ሰዓት

digitalni sat

ደቒቕ

minuta

ሰዓት

čas

ሰኑይ
ponedeljak

MO

W sreda
ረቡዕ

FR petak
ዓርቢ

TU

TH

SA

SO

ሰሉስ
utorak

ቀዳም
subota

ሓሙስ
četvrtak

ሰንበት
nedelja

ትማሊ
juče

ሎሚ
danas

ጽባሕ
sutra

ንጉሆ
jutro

ቀትሪ
podne

ምሸት
veče

መዓልታት ስራሕ
radni dani

መወዳእታ ሰሙን
vikend

ዝናብ
kiša

ቀስተ-ደመና
duga

በረድ
sneg

ንፋስ
vetar

ጸድያ
proleće

ቀውዒ
jesen

ሓጋይ
leto

ክረምቲ
zima

4.APRIL	11°	☀
5.APRIL	4°	☁
6.APRIL	13°	☔
7.APRIL	8°	❄
8.APRIL	10°	☀

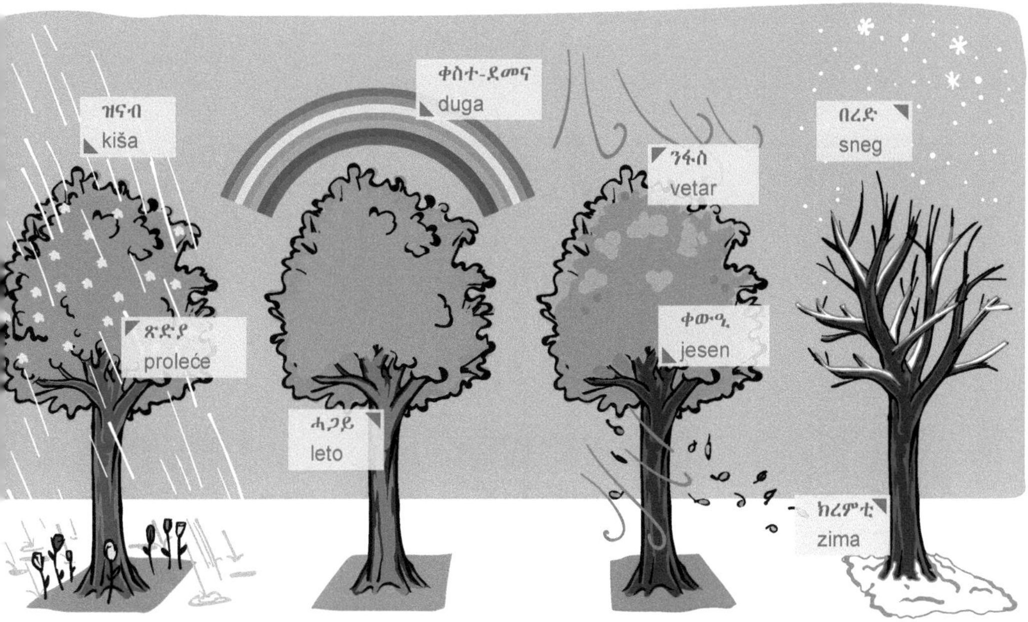

ትንቢት ኩነታት ኣየር

meteorološka prognoza

ቴርሞmeተር

termometar

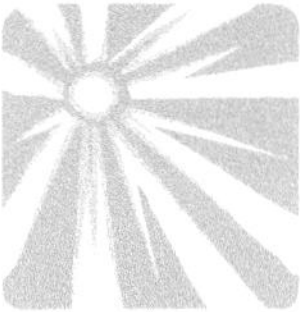

ብርሃን ጸሓይ

sunčana svetlost

ደበና

oblak

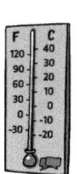

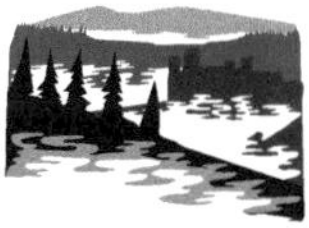

ግመ

magla

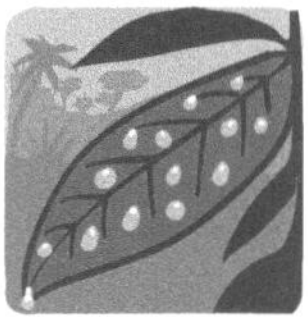

ጠሊ

vlažnost vazduha

ብርቂ

munja

ነጉዳ

grmljavina

ህቦብላ

oluja

በረድ

tuča

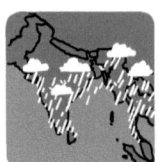

ብርቀዕ ህቦብላ

monsun

ውሕጅ

poplava

በረድ

led

ጥሪ

januar

ለካቲት

februar

መጋቢት

mart

ሚያዝያ

april

ጉንበት

maj

ሰነ

juni

ሓምለ

juli

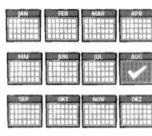

ነሓሰ

avgust

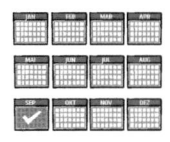

መስከረም
....
septembar

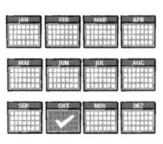

ጥቅምቲ
....
oktobar

ሕዳር
....
novembar

ታሕሳስ
....
decembar

ቅርጸታት

oblici

ዙርያ
....
krug

ትርብዒት
....
kvadrat

ቅኑዕ ርቡዕ ኩርናዕ
....
pravougao

ስሉስ ኩርናዕ
....
trougao

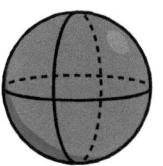

ኳቢ
....
kugla

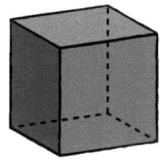

ኩቦ
....
kocka

ጸዕዳ

bela

ብጫ

žuta

ኣራንሺ

narandžasta

ሮንክ

ružičasta

ቀይሕ

crvena

ጁ'ክ

ljubičasta

ሰማያዊ

plava

ቀጠልያ

zelena

ቡናዊ

smeđa

ሓሙኽሽታይ

siva

ጸሊም

crna

ብዙሕ / ውሑድ

mnogo / malo

ሕሩቕ / ሰላማዊ

ljutito / mirno

ጽቡቕ / ክፉእ

lepo / ružno

መጀመርያ / መወዳእታ

početak / kraj

ዓቢ. / ንእሽቶ

veliko / maleno

ብሩህ / ጸልማት

svetlo / tamno

ሓው / ሓፍት

brat / sestra

ጽሩይ / ርሳሕ

čisto / prljavo

ምሉእ / ዘይምሉእ

potpuno / nepotpuno

መዓልቲ / ለይቲ

dan / noć

ሙዉት / ህልው

mrtvo / živo

ሰፊሕ / ጸቢብ

široko / usko

ደስ ዘበል / ደስ ዘይብል

jestivo / nejestivo

እኩይ / ሀያዋይ

zlo / dobro

ርቡጽ / ስልኩይ

uzbuđeno / dosadno

ረጊድ / ቀጢን

debelo / mršavo

ቀዳማይ / ናይ መወዳእታ

na početku / na kraju

ዓርኪ / ጸላኢ

prijatelj / neprijatelj

ምሉእ / ባዶ

puno / prazno

ተሪር / ልስሉስ

tvrdo / mekano

ከቢድ / ፈኵስ

teško / lagano

ጥምየት / ጽምየት

glad / žeđ

ሕሙም / ጥዑይ

bolesno / zdravo

ዘይሕጋዊ / ሕጋዊ

ilegalno / legalno

መስተውዓሊ / ስዲ

pametno / glupo

ጸጋም / የማን

levo / desno

ቖረባ / ርሑቕ

blizu / daleko

ሓዲሽ / ብሉይ

novo / polovno

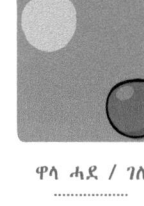

ዋላ ሓደ / ገለ

ništa / nešto

ዓቢ./ኣረጊት / መንእሰይ

staro / mlado

ወልዕ / ኣጥፍእ

uključeno / isključeno

ክፉት / ዕጹው

otvoreno / zatvoreno

ህዱእ / ዓው

tiho / glasno

ሃብታም / ድኻ

bogato / siromašno

ቅኑዕ / ግጉይ

tačno / pogrešno

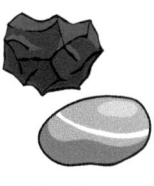

ሓርፋፍ / ልሙጽ

hrapavo / glatko

ጉሁይ / ሕጉስ

tužno / sretno

ሓጺር / ነዊሕ

kratko / dugo

ቀስ / ቅልጡፍ

polako / brzo

ጥሉል / ንቑጽ

mokro / suho

ምዉቕ / ዝሑል

toplo / hladno

ውግእ / ሰላም

rat / mir

0

ዜሮ

nula

1

ሓደ

jedan

2

ክልተ

dva

3

ሰለስተ

tri

4

አርባዕተ

četiri

5

ሓሙሽተ

pet

6

ሽዱሽተ

šest

7

ሸውዓተ

sedam

8

ሸሞንተ

osam

9

ትሽዓተ

devet

10

ዓሰርተ

deset

11

ዓሰርተ ሓደ

jedanaest

12

ዓሰርተ ክልተ

dvanaest

13

ዓሰርተ ሰለስተ

trinaest

14

ዓሰርተ አርባዕተ

četrnaest

15

ዓሰርተ ሓሙሽተ

petnaest

16

ዓሰርተ ሽዱሽተ

šestnaest

17

ዓሰርተ ሸውዓተ

sedamnaest

18

ዓሰርተ ሸሞንተ

osamnaest

19

ዓሰርተ ትሸዓተ

devetnaest

20

ዕስራ

dvadeset

100

ሚእቲ

stotinu

1.000

ሽሕ

hiljadu

1.000.000

ሚልዮን

milion

እንግሊዝኛ

engleski

አሜሪካዊ እንግሊዛዊ

američki engleski

ቻይናዊ ማንዳሪን

mandarinski kineski

ሂንዳዊ

hindski

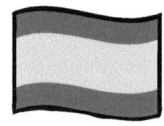

እስጳኛዊ

španski

ፈረንሳዊ

francuski

ዓረባዊ

arapski

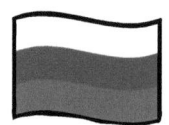

ሩሲያዊ

ruski

ፖርቱጋላዊ

portugalski

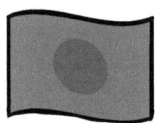

በንጋሊ

bengalski

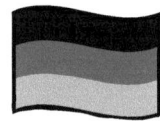

ጀርመናዊ

nemački

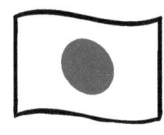

ጃፓናዊ

japanski

አነ

ja

ንስኻ/ኺ

ti

ንሱ / ንሳ / ንሱ

on / ona / ono

ንሕና

mi

ንስኻ

vi

ንሳቶም

oni

መን?

Ko?

እንታይ?

Šta?

ከመይ?

Kako?

አበይ?

Gde?

መዓስ?

Kada?

ሽም

ime

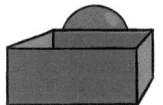

ድሕሪ

iza

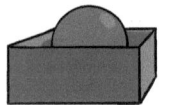

ኣብ

u

ኣብ ቅድሚ

ispred

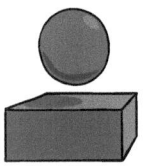

ኣብ ላዕሊ

preko

ኣብ ልዕሊ

na

ትሕቲ ምድሪ

ispod

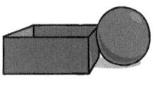

ኣብ ጥቓ

pored

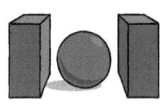

ኣብ መንጎ

između

በታ

mesto